100
infos à connaître
LES CHATS

100 infos à connaître
LES CHATS

Steve Parker

Consultant : Camilla de la Bedoyere

Piccolia

4, avenue de la Baltique
91946 Villebon – France
Dépôt légal : 3e trimestre 2006
Loi n°49-956 du 16 juillet 1949
sur les publications destinées à la jeunesse.
Imprimé en Chine

Remerciements :
aux artistes qui ont contribués
à l'élaboration de ce titre

Ann Baum/Linda Rogers, Martin Camm, Mark Davis/Mackerel, Mike Foster, Sauro Giampaia, Ian Jackson, Andrea Morandi, Julia Pewsey/Linden Artists, Steve Roberts, Eric Rowe/Linden Artists, Mike Saunders, Myke Taylor/Wildlife Art, Mike White/Temple Rogers.

Photographies :

Couverture Jo Brewer ; p15 (BR) Jo Brewer ; p26 Anthony Cambray ; p42 (T) Mark Henry, (B) pictorial press.com ; p47 (B) Hanna-Barbera/pictorial press.com
Castrol, CMCD, Corbis, Corel, digitalSTOCK, digitalvision, Flat Earth, Hemera, ILN, John Foxx, PhotoAlto, PhotoDisc, PhotoEssentials, PhotoPro, Stockbyte.

Sommaire

Les chats, des animaux paisibles

1 Les chats font d'excellents compagnons.
Peut-être y en a-t-il un dans ta famille ? Ces créatures peuvent se révéler affectueuses, douces et amusantes. Les chats sont plutôt indépendants et ne demandent pas autant d'attention que les chiens. Toutefois, ils ont besoin de nourriture et d'eau fraîche chaque jour, d'un endroit tranquille où dormir et de quelqu'un pour veiller sur leur santé.

Il y a environ 9 millions de chats en France, contre 8 millions de chiens !

◀ Une chatte se détend en compagnie de ses chatons. La chatte est l'une des meilleures mamans du monde animal. Elle prend soin de ses petits jour et nuit, les nourrit de son lait, les lèche et les nettoie.

La famille des félins

2 Tous les chats du monde appartiennent à la même grande famille, celle, que les spécialistes appellent félidés. Elle comprend environ 38 espèces ou races de félins, des énormes tigres et lions à nos petits chats domestiques. Les félins font eux-mêmes partie d'un plus grand groupe de mammifères, appelés les carnivores, tout comme les chiens, les renards, les loups, les hermines et les belettes.

▼ **Le smilodon**, ou tigre à dents de sabre, était plus gros qu'un tigre actuel et occupait l'Amérique du Nord. Il a disparu il y a environ 10 000 ans.

3 Parmi les grands félins, on trouve les lions, les tigres, les léopards, les léopards des neiges, les panthères nébuleuses, les jaguars et les guépards. Les plus gros d'entre eux sont les tigres, en particulier les tigres de Sibérie qui vivent dans un habitat froid et neigeux, dans le nord-est de l'Asie. Ces tigres mesurent environ 3 mètres, queue incluse, et pèsent presque 350 kilos, 100 fois le poids d'un chat domestique !

◀ Grâce à ses rayures foncées, le tigre peut se cacher dans les hautes herbes et les sous-bois épais.

4 Avec des pointes à 100 kilomètres-heure, le guépard est l'animal le plus rapide du monde. Dans l'Antiquité, les personnes fortunées élevaient des guépards en Afrique du Nord et au Moyen-Orient, et les promenaient en laisse, tels des chiens. Toutefois, cet animal difficile à apprivoiser s'échappait fréquemment.

Les seuls félins qui vivent généralement en bandes sont les lions et les guépards.

5 Le félin doté du plus grand nombre de noms est le couguar, appelé aussi lion des montagnes, puma ou panthère d'Amérique. Certaines personnes ont essayé d'apprivoiser de jeunes couguars afin d'en faire des animaux domestiques, mais lorsqu'ils devenaient adultes, leur instinct reprenait le dessus. Un couguar adulte peut se révéler très dangereux.

▲ On trouve des couguars sur tout le continent américain, du nord jusqu'au sud.

▲ Le serval a un corps élancé et de longues pattes. Il peut courir très vite, comme son cousin le guépard.

6 Il existe une vingtaine d'espèces de félins de taille moyenne. Le lynx occupe toute la moitié nord du globe et chasse des lièvres et des chevreuils dans les forêts froides et les montagnes enneigées. Le serval africain, quant à lui, se nourrit entre autres, de rats et d'oiseaux. Enfin, le chat viverrin d'Asie du Sud-Est est capable de pêcher des grenouilles, des crabes et des poissons.

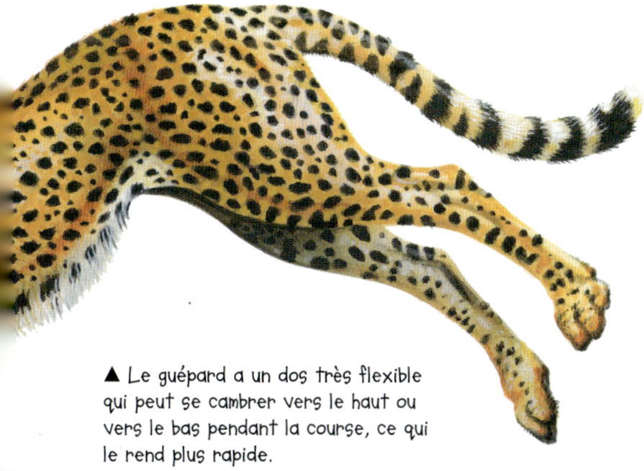

▲ Le guépard a un dos très flexible qui peut se cambrer vers le haut ou vers le bas pendant la course, ce qui le rend plus rapide.

FABRIQUE UN MASQUE DE TIGRE À DENTS DE SABRE

Tu as besoin de :

carton peinture un élastique ciseaux

1. Demande à un adulte de découper une tête de chat dans le morceau de carton.
2. Fais des trous pour les yeux et peins des moustaches et un pelage.
3. Attache un élastique pour fixer le masque autour de ta tête.
4. Il ne te reste plus qu'à enfiler le masque et à grogner !

Les petits chats sauvages

7 **Les chats domestiques, quelle que soit leur race, ont pour nom scientifique *felis cattus*.** Certains chats qui vivent à l'état sauvage sont encore plus petits que nos chats domestiques. La plupart d'entre eux vivent dans les forêts et les jungles. Leur pelage est taché ou bien rayé, ce qui leur permet de se confondre avec les arbres, les branches, les feuilles, et leur propre ombre. Ainsi, ils peuvent s'approcher de leurs proies sans se faire remarquer.

8 **Le chaus, qui vit en Asie du Sud, est légèrement plus gros que le chat domestique.** Également appelé chat des marais, il fréquente le bord des rivières, les marécages, les points d'eau et les rigoles. Il se nourrit principalement de rats, d'oiseaux, de lézards, de serpents et de poissons, mais ne dédaigne pas les grenouilles et les crapauds. Contrairement à beaucoup d'autres chats, le chaus chasse souvent le jour. Il n'hésite pas à s'approcher des villes ou des villages : la présence des humains ne semble pas l'inquiéter. Cependant, il séjourne le plus souvent dans les buissons et les sous-bois.

▼ Un chaus adulte : les chatons de cette espèce ont des rayures très rapprochées et ressemblent à de minuscules tigres. Les rayures s'effacent au fur et à mesure de leur croissance.

Il y a environ un million d'années, des lions des cavernes vivaient en Europe, et l'Asie de l'Est abritait des tigres encore plus gros que ceux que l'on connaît actuellement.

9

Presque tous les chats sont de bons grimpeurs, mais le margay d'Amérique du Sud est l'un des meilleurs. Il est capable d'escalader un tronc d'arbre d'une seule traite, et de redescendre de la même façon ! Le margay est à peu près de la taille d'un chat domestique. Comme tous les félins, c'est un prédateur. Il se nourrit d'écureuils, de rongeurs, d'opossums et de petits oiseaux.

▲ Quand il dort, le chat des Andes s'enveloppe de sa queue épaisse pour se protéger de l'âpre froid des montagnes.

▼ Les taches foncées qui parsèment le corps du chat à pattes noires se transforment en cercles sur ses pattes et sa queue. Il vit dans les prairies chaudes, sèches et rocheuses.

10

Le chat à pattes noires d'Afrique du Sud pèse moins de 2 kilos. Il est donc plus petit que la plupart des chats domestiques dont le poids moyen varie de 3 à 4 kilos. En raison de sa taille, il attrape de petites proies : lézards, oisillons, araignées, vers et termites.

11

Le chat des Andes est petit ; il fait environ la taille d'un chat domestique. En revanche, il est très robuste. Tel un petit « lion des montagnes », il vit en altitude dans la chaîne des Andes, en Amérique du Sud. Son épaisse fourrure le protège des vents glaciaux lorsqu'il chasse de petites créatures.

INCROYABLE !

Beaucoup de chats étaient autrefois chassés pour leur pelage avec lequel on fabriquait des chapeaux, des bottes, des gants et d'autres accessoires. De nos jours, la plupart des chats sauvages sont protégés par la loi.

Les premiers chats domestiques

12

Tous les chats domestiques descendent probablement de l'espèce connue sous le nom de chat sauvage (felis silvestris). Celui-ci est légèrement plus gros et plus lourd que le chat tabby, un chat domestique. On trouve encore des chats sauvages dans de nombreuses régions du globe, dont l'Europe, l'Afrique et l'Asie. Il arrive que les chats sauvages se reproduisent avec des chats domestiques.

▶ Un chat sauvage s'arrête et se tapit sur une branche, à l'affût d'une proie ou d'un danger.

13

Les premiers chats domestiques étaient des chats sauvages apprivoisés par des habitants de l'Égypte, en Afrique du Nord-Est. Ces chats, qu'on appelle africains ou bien abyssins, vivent encore à l'état sauvage aujourd'hui. Adoptés et éduqués à un très jeune âge, les chatons deviennent des compagnons très affectueux. C'est d'ailleurs ainsi que les premiers chats domestiques sont apparus. Le type européen, qui vit dans les forêts et qu'on trouve notamment en Écosse, est beaucoup plus « sauvage » que son homologue africain. Très féroce, il est quasiment impossible de l'apprivoiser, même adopté très jeune.

QUIZ

Évalue tes connaissances sur les premiers chats domestiques.

1. À quand estime-t-on l'apparition des premiers chats domestiques ?
2. Quel était le nom de la déesse égyptienne protectrice des chats ?
3. De nos jours, quelle race de chats ressemble le plus aux premiers chats domestiques ?

Réponses : 1. 5 000 ans
2. Baster 3. L'abyssin

L'un des premiers ancêtres du chat était le tigre aux dents de sabre **(smilodon fatalis)** qui occupait l'Amérique du Nord il y a 35 millions d'années.

◀ Les Égyptiens de l'Antiquité vénéraient Bastet, une déesse douce et généreuse qui veillait sur les femmes et les chats. Elle était quelquefois représentée avec une tête de lionne, notamment lorsqu'elle était censée protéger le roi pendant une bataille.

▲ Les dépouilles de certains chats égyptiens étaient conservées sous forme de momies et enterrées dans des tombes spéciales.

14

On estime que la domestication des premiers chats remonte à l'Égypte antique, il y a plus de 5 000 ans. Les chats sauvages africains rôdaient alors près des maisons pour y chasser les souris et les rats, attirés par les réserves à grains. Ils se seraient peu à peu habitués à la présence des hommes, lesquels à leur tour s'attachèrent à ces animaux qui les aidaient à se débarrasser des rongeurs nuisibles. À l'époque de la construction des grandes pyramides et des temples égyptiens, les corps des pharaons défunts étaient momifiés. De nombreux chats bénéficièrent aussi de ce traitement.

15

On a trouvé des illustrations, des statues et des sculptures de chats datant de la Grèce et de la Rome antiques, il y a plus de 2 000 ans. La cité romaine de Pompéi a été presque entièrement détruite lors de l'éruption du Vésuve, en l'an 279 de notre ère. Une mosaïque encore intacte y représente un chat tabby attaquant un oiseau.

◀ L'abyssin est un chat intelligent et affectueux. Mais il aime aussi sa liberté. Il faut donc lui réserver suffisamment d'espace.

16

L'abyssin est le chat qui aujourd'hui, ressemblerait le plus aux premiers chats domestiques. Il possède de grandes oreilles pointues, des yeux orangés, et un pelage brun ou fauve parsemé de zones plus foncées.

Comment s'occuper de son chat

17 Pour certaines personnes, le chat peut être un excellent compagnon. S'il reçoit les soins, l'affection et le confort dont il a besoin, il sera un tendre ami pendant de longues années. Cependant, il existe des gens qui n'aiment tout simplement pas les chats, et qui deviennent nerveux ou inquiets en présence de cet animal. Le chat ressent ces émotions et devient nerveux à son tour.

▲ Un panier confortable aidera ton compagnon à faire de beaux rêves.

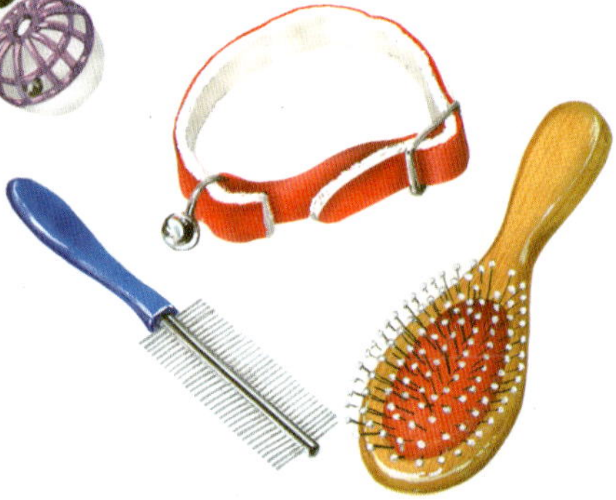

◄ ▼ Les petits jouets télécommandés sont une bonne distraction pour le chat. Le collier antipuces, le peigne et la brosse lui permettent de rester propre.

18 Si tu prévois d'adopter un chat, pose-toi la question suivante : « Ai-je suffisamment de temps ? ». Comme tout animal domestique, un chat a besoin de repas réguliers, d'eau et de confort. On dit parfois que les femelles sont plus affectueuses et moins gênantes, tandis que les mâles, plus indépendants, tendent à s'éloigner de leur foyer. Mais, comme les êtres humains, ils ont chacun leur personnalité.

INCROYABLE !

Chaque année, des milliers de chats sont abandonnées par des maîtres inconscients, et condamnés à vivre dans la rue. C'est pour cela qu'ont été créés les refuges pour chats.

19 Il est préférable d'acheter les accessoires nécessaires à ton nouveau compagnon avant son arrivée. Cela inclut un bol ou une assiette en plastique dur pour sa nourriture et son eau, de la nourriture pour chats, une brosse, et généralement un bac à litière où l'animal peut faire ses excréments. Certains maîtres achètent de nombreux jouets à leur chat, ainsi qu'un panier rembourré où dormir. Toutefois, les chats ne font pas toujours ce qu'on leur demande et n'apprécient pas forcément les cadeaux qu'on leur offre. Mais c'est ce qui fait tout leur charme !

Le cœur d'un chat bat entre 120 et 140 fois par minute, c'est-à-dire deux fois plus que celui d'un être humain.

20 **Tu peux te procurer un chat dans de nombreux endroits différents : dans une animalerie, chez des amis, dans un refuge, chez un éleveur...** Il est préférable d'acheter l'animal chez quelqu'un qui le connaît bien et qui peut te donner des conseils. Il est également recommandé de faire examiner le chat par un spécialiste : un vétérinaire ou un éleveur.

◀ Tu peux mettre la nourriture et l'eau dans deux récipients différents ou bien dans un double récipient. Utilise la fourchette du chat (et non la tienne) pour toucher sa nourriture.

▶ Le bas du corps du chat doit toujours être soutenu avec une main. Sinon, le chat n'est pas à l'aise.

21 **Le chat est un animal naturellement propre.** Toutefois, il est conseillé de te laver les mains après l'avoir touché, manipulé sa nourriture ou son bac à litière. Sinon, tu risques d'attraper l'une de ses maladies, ou bien l'inverse !

◀ La litière doit être inspectée tous les jours, surtout celles des chats qui vivent essentiellement en intérieur.

22 **Il y a des moments où le chat n'a pas envie qu'on le prenne dans les bras. Dans ce cas, il vaut mieux ne pas insister, ou tu risques de te faire griffer.** Si cela ne le dérange pas, soulève-le délicatement en plaçant tes deux mains sous son ventre, et tiens-le contre toi en soutenant ses pattes arrière avec ta main ou ton bras. Le chat doit toujours être bien soutenu et se sentir à l'aise, sinon il prend peur.

L'heure du repas

23 **Les chats sont des animaux carnivores ; leur régime alimentaire se compose essentiellement de viande :** poisson, volaille (comme le poulet), entres autres. En général, la nourriture pour chats contient tout ce dont ils ont besoin. Des biscuits secs spéciaux peuvent aussi s'avérer utiles, car ils se périment moins vite que la viande s'ils ne sont pas consommés immédiatement. Les chats n'aiment pas trop être dérangés pendant qu'ils mangent. Il vaut mieux ne pas les caresser à ce moment-là.

24 **Il est recommandé de donner au chat une nourriture variée pour qu'il ait une alimentation équilibrée.** Il est également conseillé de le faire manger toujours au même endroit, de préférence un lieu calme comme le coin d'une pièce, avec son propre récipient et son tapis. L'idéal est de lui donner deux repas par jour : un le matin et un le soir. Les chatons et les jeunes chats en cours de croissance ont besoin de repas plus petits mais plus fréquents, car ils dépensent beaucoup d'énergie pour courir et à se développer.

▼ Deux chats doivent se connaître et se faire confiance avant de pouvoir manger et boire côte à côte. À l'état sauvage, deux chats affamés peuvent très bien essayer de se voler la nourriture l'un à l'autre.

Un chat adulte a 30 dents,
tandis qu'un être humain en a 32.

25 **Certains maîtres essaient de gâter leur chat avec des viandes spécialement cuisinées, de la crème et autres friandises.** On peut le faire de temps en temps, mais pas tous les jours. Les chats sont parfois difficiles mais s'ils ont vraiment faim, ils mangent sans problème des aliments un peu moins sophistiqués.

QUIZ

1. Quels sont les risques qu'encourent les chats trop gros ?
2. À quel rythme faut-il nourrir un chat adulte ?
3. Pourquoi ne faut-il pas laisser traîner la nourriture que le chat n'a pas consommée ?

Réponses :
1. Arthrose et maladie cardiaque
2. Deux fois par jour : le matin et le soir.
3. Parce qu'elle attire des nuisibles comme les mouches.

26 **Comme pour l'être humain, il est mauvais pour un chat d'être en surcharge pondérale.** Les chats sont des créatures naturellement graciles : s'ils prennent trop de poids, ils risquent de souffrir de divers problèmes, comme l'arthrose ou une maladie cardiaque. Il est donc préférable de ne pas leur donner plus que nécessaire. Si elle reste trop longtemps, la viande sent mauvais, n'est plus comestible et attire les mouches. Ajuste la quantité de nourriture à l'appétit de ton chat pour que son assiette soit quasiment vide à l'heure du repas suivant.

Un chasseur très habile

27 Chez le chat, tout est conçu pour chasser discrètement et en silence, surtout la nuit. Le chat domestique est plus petit que la plupart des autres félins, mais leur structure corporelle et leur anatomie sont identiques. Il possède des muscles puissants, des pattes à coussinets pour marcher sans faire de bruit, une vision et une ouïe excellentes, ainsi que des dents et des griffes acérées.

28 Le corps d'un chat se compose des mêmes éléments que celui d'un chien, d'un lapin, d'un cheval, d'un singe, d'un être humain, ou de n'importe quel mammifère. Il a un squelette, un cœur pour pomper le sang, des poumons pour respirer, ainsi qu'un estomac et des intestins pour digérer sa nourriture.

▲ Un chat s'avance vers sa proie très lentement, pas à pas. Il essaie de ne pas faire de bruit et se tapit pour ne pas être remarqué. S'il sent que la proie a noté sa présence, il peut s'immobiliser totalement et rester ainsi pendant plusieurs minutes.

Le squelette d'un chat comporte environ 290 os, le nôtre seulement 206.

29 Le chat possède cinq doigts griffus sur chaque patte avant, et quatre sur les pattes arrière.

Le chat possède cinq doigts griffus sur chaque patte avant, et quatre sur les pattes arrière. Sur la patte avant, le doigt situé le plus à l'intérieur est légèrement rehaussé, un peu comme un pouce. Des muscles permettent à l'animal de rentrer les griffes dans le doigt, où elles sont protégées par des poches, ou gaines. Ainsi, elles s'usent moins vite. Quand le chat veut sortir ses griffes, les muscles du pied et du doigt les font ressortir. Le chat utilise ses griffes pour attraper ses proies, s'agripper lorsqu'il grimpe, se défendre ou se nettoyer.

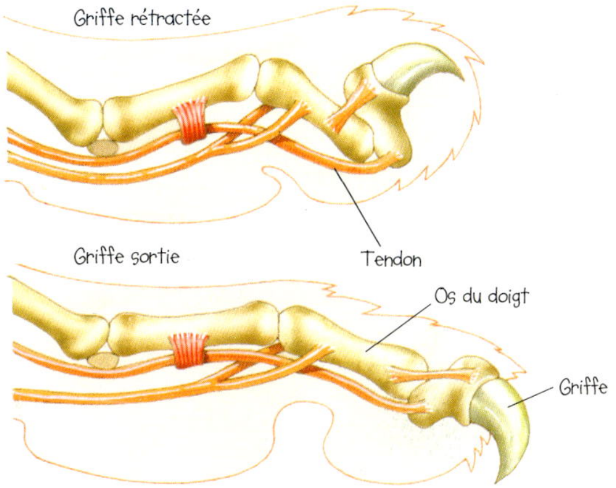

▲ Les griffes du chat sont normalement rentrées, ou rétractées. Pour les sortir, les muscles des jambes tirent sur des tendons afin de déplacer les os du doigt et de faire basculer la griffe vers le bas.

30 On voit fréquemment des chat sauter, courir, escalader des arbres ou marcher sur des murets, des barrières ou des branches.

On voit fréquemment des chat sauter, courir, escalader des arbres ou marcher sur des murets, des barrières ou des branches. Grâce à leur excellent sens de l'équilibre, ils ne tombent presque jamais. Dans les postures difficiles, leur queue leur est très utile : ils peuvent la balancer ou la courber pour se maintenir en équilibre lorsqu'ils se déplacent sur un objet étroit.

▼ Le squelette du chat comporte à peu près les mêmes os que le nôtre. Les os supplémentaires sont principalement situés dans la queue.

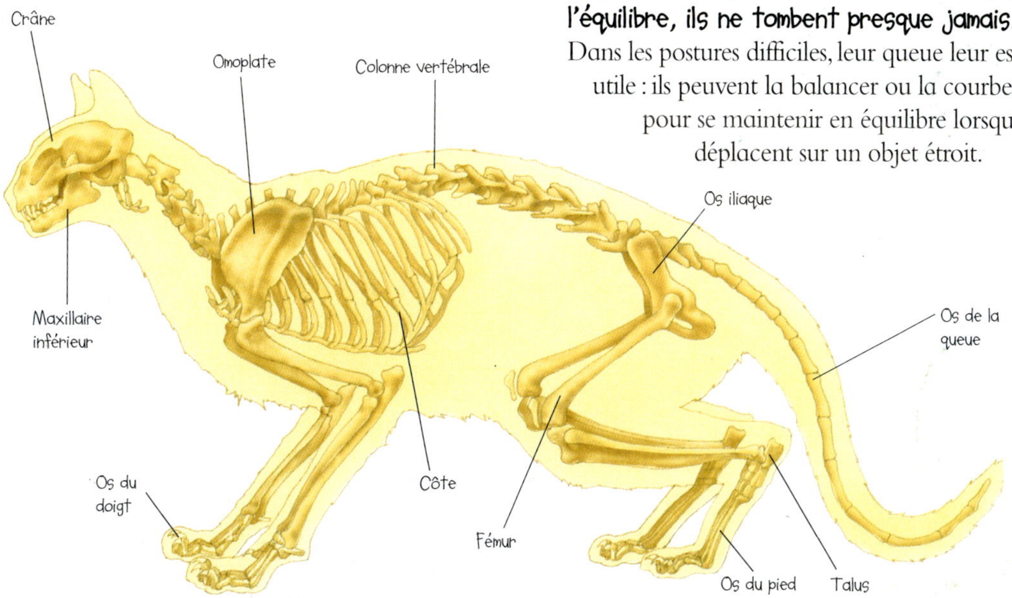

Des sens très développés

▲ Le jour, la pupille du chat se rétrécit au maximum pour empêcher la lumière de rentrer.

▲ Dans le noir, la pupille s'élargit pour laisser passer le maximum de lumière. Elle forme alors un rond.

◀ Le chat a une « troisième paupière » appelée membrane nictitante à l'intérieur de l'œil. Celle-ci peut recouvrir une partie du globe oculaire pour le protéger.

31 **Les chats ont une meilleure ouïe que nous, en particulier pour les sons aigus, comme les cris de souris.** Ils sont également capables de faire pivoter leurs oreilles pour découvrir de quelle direction provient un son. Ils ne sont donc pas obligés de tourner la tête comme nous.

32 **Les grands yeux du chat sont conçus pour bien voir dans l'obscurité.** À l'avant de l'œil, on trouve une zone noire appelée pupille. La nuit, la pupille s'ouvre en grand pour laisser passer autant de lumière que possible. Le jour, elle se rétracte jusqu'à ressembler à une simple fente, cela afin d'empêcher la lumière d'abîmer l'œil. Le fond de l'œil comporte également une couche réfléchissante appelée tapis rétinien, qui renvoie la lumière à l'intérieur de l'œil, permettant au chat de mieux voir la nuit.

LES MOUSTACHES DU CHAT

Tu as besoin de :
pailles, scotch

1. À l'aide de scotch, fixe les pailles aux bords de ton masque de tigre à dents de sabre (voir page 9).
2. Enfile le masque et promène-toi avec. Arrives-tu à percevoir que tes moustaches touchent quelque chose, même avec les yeux rmés ?

L'odeur de l'herbe à chats excite énormément nos petits félins car elle contient une substance spéciale.

33

L'odorat du chat est plus performant que le nôtre, mais moins que celui du chien. Les chats reniflent leur nourriture et leur boisson pour vérifier qu'elles ne sont pas dangereuses. Ils sentent également l'odeur de leurs maîtres, d'autres personnes, d'autres chats ou de n'importe quel animal à proximité. S'ils sont entourés d'odeurs familières, ils sont heureux et détendus. En revanche, une odeur inconnue les rend nerveux.

34

Les chats se frottent fréquemment la tête contre leurs maîtres, le mobilier ou d'autres objets appartenant à leur foyer. Ils répandent ainsi leur odeur, grâce à des glandes situées sur la tête : cela leur sert à marquer leur territoire et à repousser les autres chats.

35

La langue du chat lui sert à sentir le goût de ce qu'il mange et boit, mais aussi à se nettoyer et à lisser ses poils. Sa surface supérieure est très rêche, comme une lime ou une râpe. Le chat l'utilise pour racler la viande attachée aux os, boire et nettoyer son pelage et sa peau. Lorsqu'il boit, sa langue prend la forme d'une cuillère pour recueillir le liquide. Cela s'appelle le lapement. Le chat peut également tirer la langue très loin pour se lécher le tour de la bouche, les moustaches ou le nez.

36

Les très longs poils qui entourent le nez du chat s'appellent les vibrisses. La peau située à leur base peut détecter tous leurs mouvements. C'est ainsi que le chat se repère dans le noir.

▶ Le chat se frotte les joues contre des objets familiers (une chaise ou bien son maître) pour répandre son odeur. C'est sa façon personnelle de dire : « J'habite ici et toutes ces choses m'appartiennent. Gare aux chats qui oseraient s'approcher ! »

Les chats ont-ils neuf vies ?

37 **Selon un vieux dicton, les chats auraient neuf vies, ce qui bien sûr n'est pas vrai.** Cela signifie simplement qu'ils semblent souvent capables de survivre à plus de dangers ou d'obstacles que les autres animaux. Cette capacité est due à leurs sens très développés, à leurs réflexes rapides, à leurs muscles puissants et à leur sens de l'équilibre.

▲ Les chats paraissent quelquefois coincés dans un arbre, surtout s'ils sont jeunes et peu expérimentés en escalade. Mais si personne ne leur fait peur, ils arrivent le plus souvent à redescendre sans encombre.

38 **Selon un autre dicton anglais, « la curiosité tua le chat »,** ce n'est pas tout à fait faux ! Les chats sont naturellement curieux. Ils cherchent toujours à savoir ce qui se trouve de l'autre côté, par-dessus ou par-dessous quelque chose. On retrouve là le comportement sauvage de l'animal en quête de nourriture. Il leur arrive d'être coincés dans des endroits trop étroits, mais ils parviennent presque toujours à s'en sortir seuls.

39 **Grâce à son exceptionnel sens de l'équilibre et à ses réflexes rapides, le chat peut généralement tomber de très haut sans se blesser.** Pendant sa chute, le chat se retourne, puis tend ses pattes vers le bas et se prépare à les plier lorsque ses quatre pieds toucheront le sol, afin d'amortir l'impact de l'atterrissage.

Après un séisme qui a secoué Taïwan en 1999, un chat domestique est resté coincé, pendant 8 jours dans les décombres, sans rien à boire ni à manger. Il a pourtant survécu et s'est remis du traumatisme.

40 Face à un ennemi, le chat se défend plutôt bien. Ses poils se hérissent sur son dos, ce qui le fait paraître deux fois plus gros. Il grogne, feule et montre ses dents, pour faire comprendre à son adversaire qu'il possède des armes bien acérées. Cela dissuade généralement celui-ci de s'approcher. Dans ce genre de situation, il vaut mieux rester éloigné du chat, qui risque de griffer par peur ou pour se défendre.

INCROYABLE !
Il y a eu des cas de chats accidentellement enfermés chez eux alors que leurs maîtres partaient en vacances. Certains ont survécu pendant plus de 2 semaines sans rien à manger, se contentant de recueillir l'eau de condensation sur les vitres.

▼ Lorsqu'il a peur, le chat se couche, replie ses oreilles en arrière et montre ses dents, prêt à se défendre.

▼ Les chats errants peuvent poser des problèmes d'hygiène en déchirant les sacs poubelles et en volant de vieux morceaux de viande.

41 Les chats qui n'ont pas de maître ou de foyer, et qui vivent donc à l'état sauvage, ont été affublés de noms divers : chats sauvages, chats errants, chats de gouttière… Il leur arrive d'attaquer et de blesser les chats domestiques, de poser des problèmes de santé en propageant des nuisibles comme les puces, ou de dévaster les poubelles et les dépôts d'ordures dans leur quête de nourriture.

Le chat et ses habitudes

42 Les chats sont presque tous très propres, et passent plusieurs heures par jour à se nettoyer. Ils se contorsionnent de façon à pouvoir lécher n'importe quelle partie de leur corps avec leur langue rêche. Ils se débarrassent ainsi de la poussière, de peaux mortes, de poils usés et de tout petits insectes. Il leur arrive aussi de se lécher la patte, de la frotter contre une partie de leur corps, puis de la lécher à nouveau. Ils peuvent aussi se passer les griffes dans les poils pour en retirer la saleté.

43 La plupart des chats aiment se faire brosser par leur maître. Cela est particulièrement important pour les chats à poil long, car ils ne peuvent pas nettoyer leur épais pelage eux-mêmes. Mais il te faudra du temps et de la patience pour habituer ton chat à se faire brosser. Passe la brosse doucement, garde ton calme, ne fais pas de mouvements brusques, et pense à le récompenser en le caressant une fois le brossage terminé. Au bout d'un certain temps, le chat s'habituera à cette activité et y prendra plaisir.

▲ Lorsqu'il fait sa toilette, le chat prête une attention particulière à ses pattes. En effet, il se peut que des poussières, des brindilles ou des petits cailloux soient restés coincés entre ses doigts. Il doit donc les retirer soigneusement et nettoyer la moindre égratignure ou coupure.

Les chats passent jusqu'à un tiers de leur temps d'éveil à se nettoyer.

◀ Les chats à poil long, comme cet american curl, doivent être peignés régulièrement par leur maître. Sinon, leur fourrure s'emmêle, prend la poussière, et sert de refuge à toutes sortes de nuisibles.

INCROYABLE !

Les chats mangent parfois de l'herbe ! C'est tout à fait normal. En effet, l'herbe leur apporte des nutriments supplémentaires et les aide à régurgiter des morceaux de nourriture coincés ou des boules de poils.

44 **Les chats paraissent souvent malades, mais en fait, ils recrachent, ou régurgitent des boules de poils.** Il s'agit d'amas de poils que le chat avale lorsqu'il fait sa toilette, et qui s'accumulent dans son estomac sous forme de masse visqueuse. Il est donc nécessaire pour le chat de recracher ces boules, sinon elles risquent de bloquer ses intestins et de provoquer une véritable maladie.

45 **Les chats aiment se faire les griffes : c'est un plaisir, mais aussi un besoin.** Ils étendent généralement leurs pattes avant et enfoncent leurs griffes dans une matière rêche et dure, comme le bois. Cela leur permet d'affûter leurs griffes, mais aussi de s'étirer et de faire travailler leurs muscles et leurs articulations. Si ton chat reste toujours à l'intérieur, un griffoir sera le bienvenu, sinon tes rideaux risquent d'en pâtir !

▲ Le griffoir peut être un objet acheté dans le commerce, ou un simple morceau de bois.

Pour le confort du chat

46 La plupart des chats aiment être caressés. Mais, comme lorsque tu veux le prendre dans tes bras, tu dois agir calmement et discrètement pour que le chat te fasse confiance. Si tu fais des mouvements brusques, du bruit, ou si tu le forces, il deviendra nerveux et méfiant. Le chat aime être caressé sur le dos, les joues et derrière les oreilles. Ce sont ces parties du corps que le chat frotte contre tes jambes. Veille à toujours caresser ton chat dans le sens du poil.

47 Le miaulement d'un chat peut avoir de nombreuses significations. Un miaulement fort et aigu veut probablement dire : « J'ai faim ! » ; un plus doux et court peut être perçu comme un geste d'accueil, un : « Bonjour mon ami ! » Les sons émis par le chat proviennent de son larynx, situé dans la gorge. Certaines espèces de chats miaulent plus que d'autres. Les siamois sont connus pour leurs miaulements rauques.

▼ Laisse le chat venir vers toi au lieu de te précipiter sur lui. Caresse-le doucement et calmement. Ainsi, tu gagneras sa confiance et il s'habituera rapidement à ces moments agréables.

Les marquages réfléchissants qu'on aperçoit sur les routes la nuit ont été inventés en 1933 par Percy Shaw, qui s'est inspiré de la brillance des yeux du chat dans l'obscurité.

48 **Généralement, les chats ronronnent lorsqu'ils sont heureux et détendus.** Ce bruit ne provient pas de leur larynx mais des muscles respiratoires situés dans leur poitrine. Tu peux même sentir ton chat vibrer si tu le touches quand il ronronne bruyamment !

▲ Lorsqu'il ronronne, le chat ferme souvent les yeux à demi et étire ses pattes avant l'une après l'autre, comme s'il cherchait à « pédaler ».

49 **Les chats sont réputés pour leurs siestes, de courtes périodes de sommeil léger.** Mais ils restent pourtant vigilants pendant leur somme et peuvent se redresser à la moindre alerte. En général, ils affectionnent les lieux chauds et calmes pour dormir. Ils sont souvent derrière une chaise ou dans le coin d'une pièce. L'odeur est également décisive dans le choix du lieu où dormir ; celle de leur maître est leur préférée. Ils la recherchent en se blottissant sur les vêtements, les chaises ou le lit. Les chats aiment aussi dormir au soleil pour être au chaud.

▶ Cet abyssin a trouvé une place ensoleillée sur un égouttoir. Les chats ne choisissent pas toujours les endroits les plus confortables pour dormir, mais cela fait partie de leur personnalité.

Ami ou ennemi ?

50 **Comme nous, les chats ont leurs humeurs, et il est bon d'apprendre à les identifier.** Un léger mouvement, un petit bruit ou une odeur inhabituelle, suffisent à inquiéter un chat, même si nous sommes incapables de les détecter. Il se met alors en alerte et se prépare à agir. Lorsqu'il a peur, le chat se tapit, rabat ses oreilles en arrière, ouvre la bouche, feule, fait gonfler son pelage et abaisse la queue. Dans ce cas, mieux vaut de le laisser tranquille pour qu'il se cache s'il en a envie.

◀ Les chats miaulent, sifflent et pleurent pour avertir les autres chats de leur présence, comme pour leur dire « Propriété privée, c'est ici que je vis. ».

51 **Il arrive que les chats rapportent à leur maître des « cadeaux » : souris à moitié mortes, oiseaux blessés...** Bien souvent, le chat ne tue pas sa victime. Il se contente de lui courir après, de lui sauter dessus et de jouer avec. Cela peut te paraître cruel, mais il ne fait que suivre ses instincts naturels et mettre en pratique ses talents de chasseur dans un environnement familier.

◀ Les chatons jouent avec presque tout ce qui bouge (comme les feuilles mortes) afin de s'entraîner à la chasse.

52 **Les chats poussent souvent des miaulements et des feulements aigus, surtout la nuit.** Cela leur sert généralement à repousser les autres chats de leur territoire, c'est-à-dire la zone où ils se promènent, se reposent et chassent, sans crainte d'être dérangés par d'autres chats. La taille de ces territoires est très variable. Il peut s'agir d'une simple pièce dans la maison du maître, de toute la maison, du jardin, voire d'une partie de la rue, du parc ou de la forêt.

La queue d'un chat compte une vingtaine d'os, mais celle des manx n'en a que trois ou quatre.

▶ Un chat et un chien adoptés à un jeune âge et élevés ensemble deviennent souvent de très bons amis : parfois même plus que deux jeunes chats !

53 Un chat et un chien adoptés ensemble à un très jeune âge s'entendent bien, en général. En revanche, s'ils ne se connaissent pas, l'entente n'est généralement pas très cordiale. Le chat risque de sortir ses griffes, se hérisser et gronder pour se défendre. Toutefois, comme de nombreux animaux, il préfère fuir pour éviter le danger.

54 Certains chats, en particulier les mâles, marquent leur territoire en urinant un peu partout : dans ta maison par exemple ! Leur urine porte une odeur que les autres chats peuvent détecter et qui les dissuade de trop s'approcher. Si ton chat te crée trop d'ennuis en urinant à l'intérieur, demande des conseils à un vétérinaire.

INCROYABLE ! CERTAINES CHATIÈRES SONT ÉQUIPÉES D'UN ORDINATEUR ! IL EXISTE UN MODÈLE QUI NE S'OUVRE QU'À L'APPROCHE DU CHAT, GRÂCE À UNE PUCE INFORMATIQUE FIXÉE À SON COLLIER.

La santé du chat

55 Il arrive aux chats de tomber malades, mais tu peux protéger ton animal contre les maladies les plus graves en lui faisant faire des injections appelées vaccins. Les deux principaux vaccins concernent le typhus et le coryza. C'est le vétérinaire qui décide à quel moment les administrer. En général, les chatons sont vaccinés à partir de 8 semaines.

▲ Les vétérinaires savent parfaitement manipuler les animaux. Ils n'ont pas de mal à calmer un chat stressé afin de pouvoir l'examiner.

56 Les problèmes de santé d'un chat peuvent se manifester de diverses façons : toux, éternuements, suppuration, écoulement des yeux, du nez ou des oreilles, vomissements, diarrhée, tremblements, perte de poils.

57 Le maître doit être attentif au moindre signe de maladie chez son chat. Ces signes sont parfois très visibles (un nez qui coule par exemple). D'autres fois, ils sont plus difficiles à détecter (perte d'appétit ou dégoût de la nourriture, pelage terne, etc.).

58 Sauf s'il s'agit d'une toux ou d'un éternuement occasionnel, il vaut mieux contacter un vétérinaire par téléphone et lui décrire les symptômes. C'est lui qui décidera si le chat peut être traité à domicile ou s'il faut l'amener à la clinique vétérinaire pour le faire examiner.

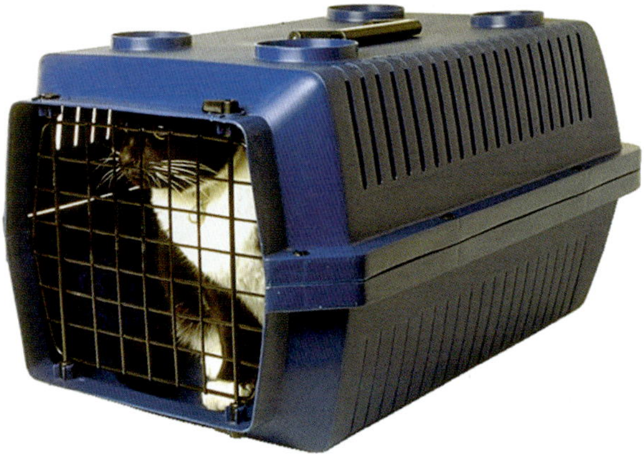

◄ Une cage spéciale permet de transporter le chat sans aucun danger, pour aller chez le vétérinaire par exemple. Il est beaucoup trop risqué de le porter dans ses bras quand il est malade et nerveux.

Proportionnellement à la taille de la tête, les yeux d'un chat sont 6 fois plus grands que les tiens.

59

Si ton chat se gratte beaucoup, c'est peut-être parce qu'il a des puces, des poux, des tiques. Tu peux dans ce cas voir dans son pelage des excréments de puces (une sorte de poussière foncée). Ces nuisibles peuvent se reproduirent et te piquer ! Mais la plupart sont éliminés grâce à des poudres, des shampooings et des vaporisateurs spéciaux. Ton chat peut aussi être protégé par un collier antipuces.

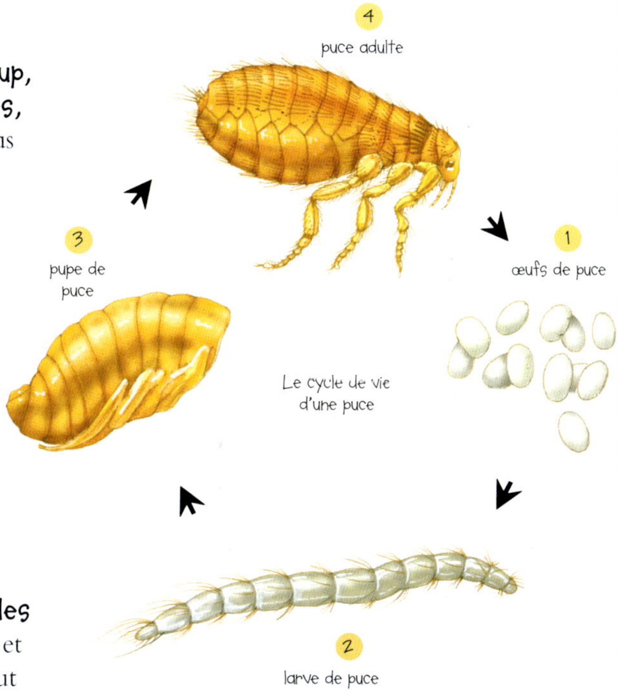

▲ Les puces de chats sont de couleur marron foncé et guère plus grosses qu'une tête d'épingle. La puce adulte pond de minuscules œufs qui se transforment ensuite en larves semblables à des vers. La larve se protège avec une enveloppe dure et devient une pupe, jusqu'à ce qu'elle sorte de cette enveloppe une fois parvenue à l'âge adulte.

60

Si ton chat mange beaucoup mais qu'il reste mince et a un comportement bizarre, il a peut-être des vers. Les vers ont des formes diverses : fins et allongés, ou bien ronds et remuants. On peut les voir avec leurs œufs dans les excréments du chat. Il faut alors traiter ton petit animal avec un vermifuge par pilules ou par injections.

61

Le chat peut transmettre aux humains, généralement par le biais de ses excréments, un minuscule ver appelé toxocara qui provoque une baisse de l'acuité visuelle. Il est donc très important de te laver les mains après avoir manipulé le chat et ses accessoires, en particulier le bac à litière.

QUIZ

Quels sont les symptômes qui nécessitent l'attention du vétérinaire ?

A. Toux et respiration rapide et sourde pendant plusieurs heures. B. Toux courte et occasionnelle. C. Consommation de grandes quantités d'eau ou d'un autre liquide. D. Petit éternuement isolé. E. Nombreux éternuements, écoulements du nez et des yeux.

Réponses : Les symptômes B et D ne sont pas spécialement alarmants du moment qu'ils sont occasionnels. Les autres peuvent être le signe d'une grave maladie. Contacte alors le vétérinaire sans attendre.

Quand la famille chat s'agrandit

62 Les chats se reproduisent de la même façon que la plupart des autres animaux. Un mâle et une femelle s'accouplent, et la femelle se trouve enceinte de petits chatons. Cela ne peut avoir lieu qu'à certaines périodes de l'année : vers les mois de mars-avril, puis à nouveau en juin, et enfin en septembre. La femelle commence à s'accoupler à partir de l'âge de 7 à 12 mois ; le mâle doit être âgé de 10 à 13 mois.

INCROYABLE !
La plupart des chattes accouchent de 4 à 6 chatons par portée. Mais il leur arrive d'en avoir 12.

Un chaton nouveau-né pèse 100 grammes en moyenne.
Son poids double au cours des 10 premiers jours de sa vie.

63 **Après s'être accouplée, la femelle porte des petits. C'est ce qu'on appelle la période de gestation.** Elle dure en moyenne 65 jours, mais peut varier entre 60 et 70 jours selon la race du chat, l'âge de la mère et d'autres caractéristiques.

64 **Une chatte en gestation prend de 1 à 2 kilos, et son ventre grossit.** À l'approche de la mise bas, elle recherche un nid douillet, un abri pour s'installer dans la paix et le calme. Il peut s'agir de n'importe quel endroit, pourvu qu'elle se sente bien : le coin d'une remise, une touffe d'herbe au fond du jardin, ou derrière le canapé. Beaucoup de maîtres achètent à leur chatte un panier spécial en espérant qu'elle y accouchera.

65 **La chatte donne généralement naissance à tous ses petits en une journée.** Elle commence par respirer rapidement et ronronner. Puis les chatons font leur apparition un par un, avec les poches où ils se sont développés à l'intérieur du ventre. À l'aide de ses dents, la mère coupe le cordon ombilical qui les relie à elle et qui servait à les nourrir pendant la gestation. Enfin, elle lèche et nettoie ses chatons l'un après l'autre avant de se reposer.

◀ Il est très fatigant pour la chatte de donner naissance à une portée de chatons bruyants et affamés. Une fois qu'ils sont tous nés, elle les laisse téter son lait pendant qu'elle se repose.

Les chatons

66 Les chatons nouveau-nés sont presque totalement impuissants. Leurs oreilles sont repliées en arrière et leurs yeux fermés. Ils ne voient et n'entendent donc rien. Ils sont incapables de marcher ou ramper. Ces petites boules de poils sont entièrement dépendantes de leur mère qui reste toujours auprès d'eux pour les protéger. Elle les lèche et les nettoie fréquemment, jusqu'à ce que leurs yeux commencent à s'ouvrir, au bout d'une semaine environ.

◀ Les chatons nouveau-nés sont petits, faibles et incapables de voir ou d'entendre.

67 L'une des seules choses que sait faire le nouveau-né, c'est téter, c'est-à-dire se nourrir du lait de sa mère. Chaque chaton de la portée a sa tétine sous le ventre de sa mère et il la suce pour obtenir du lait. Lorsqu'il a faim, le chaton émet des petits bruits aigus pour le faire savoir à sa mère.

▲ Au bout d'une semaine, les yeux du chaton commencent à s'ouvrir et ses pattes peuvent s'étirer et tâtonner autour de lui.

▼ À l'âge de 3 semaines, les chatons regardent autour d'eux, sont à l'affût des bruits et commencent à ramper.

68 Il arrive de temps en temps que la mère déplace ses chatons d'un endroit à un autre. Elle les prend par la peau du cou avec ses dents et les emmène dans leur nouveau nid. Cela peut arriver généralement si elle est perturbée ou si elle estime que ses chatons ne sont pas en sécurité.

Lorsqu'il fête son premier anniversaire, un chat a environ 16 ans à l'échelle humaine, et 28 ans à son troisième anniversaire.

◄ À l'âge de 4 semaines, le chaton est capable de marcher et commence à courir et à jouer.

QUIZ

À quel âge les étapes de croissance suivantes interviennent-elles ?

1. Les yeux du chaton commencent à s'ouvrir.
2. Le chaton commence à ramper.
3. Le chaton commence à marcher.
4. Le chaton commence à manger des aliments solides.
5. Le chaton cesse de téter sa mère.

Réponses : 1. 1 semaine 2. 3 semaines 3. 4 semaines 4. 4 semaines 5. 8 semaines

69 La mère et ses chatons apprennent rapidement à se connaître, et cela, de différentes manières. Ils se familiarisent avec leur odeur corporelle respective lorsqu'ils sont blottis les uns contre les autres, ce qui leur permet ensuite de s'identifier par l'odorat. La mère peut reconnaître ses chatons lorsqu'elle les voit, mais aussi à leurs miaulements quand ils ont faim.

70 Le lait de la mère contient tous les nutriments dont les chatons ont besoin pendant les 3 ou 4 premières semaines de leur vie. Ils commencent ensuite à manger une nourriture solide. Lorsqu'ils ont atteint l'âge de 8 semaines, ils cessent généralement de téter leur mère. Cette transition alimentaire, du lait maternel à un aliment solide, s'appelle le sevrage.

◄ À l'âge de 8 semaines, le chaton est déjà très actif, joueur et amusant. Il est pour ainsi dire prêt à vivre sans sa mère.

Petit chat deviendra grand

71 **À partir de 4 semaines, les chatons peuvent courir et sauter, et même commencer à jouer !** Ils galopent dans tous les sens, bondissent de haut en bas, escaladent tout et n'importe quoi, et butent parfois contre quelque chose, ce qui les fait tomber à la renverse.

▼ Une chatte vient « sauver » son chaton et le ramène en lieu sûr en le tenant délicatement par la peau du cou.

72 **À 6 ou 7 semaines, les chatons commencent à « jouer au chasseur ».** Ils courent après leur queue et sautent sur de petits objets : peluches ou des fausses souris. Ils se servent de leurs dents et de leurs griffes pour attraper et lacérer les objets.

73 **Au bout d'environ un mois, les chatons sont suffisamment robustes pour se promener sans leur mère.** Ils la suivent mais s'arrêtent pour observer leur environnement, renifler et toucher. La queue de leur mère leur sert de point de repère.

74 **Si un chaton se perd ou se retrouve séparé de sa mère, il émet un léger miaulement.** La mère lui répond ou vient le chercher et le ramène au nid. Au fur et à mesure de sa croissance, le chaton prend confiance en lui et élargit son champ d'exploration. Au bout d'un certain temps, il n'a plus besoin que sa mère vienne à la rescousse.

Les chats ont une longévité moyenne de 15 ans, mais un chat appelé Puss a vécu jusqu'à 36 ans et un jour !

75 **Une fois qu'ils ont atteint l'âge de 8 semaines, la plupart des chatons sont prêts à quitter leur mère et à être transférés chez un autre maître.** S'ils restent avec leur mère, ils commencent à s'en détacher d'eux-mêmes au bout de 6 mois.

76 **Certaines personnes ne souhaitent pas que leur chat puisse avoir des petits.** Ils l'emmènent alors chez le vétérinaire pour qu'il subisse une petite opération qui consiste à retirer les parties du corps nécessaires à la reproduction. Chez les femelles, ce procédé s'appelle la stérilisation, et peut être effectué à partir de 15 semaines. Chez les mâles, la castration ne doit pas être réalisée avant l'âge de 35 semaines.

77 **Quelquefois, les chatons s'excitent tellement en jouant qu'ils passent leurs petites griffes pointues un peu partout, même sur le corps de leur maître !** S'ils se sentent en danger, ils feulent, crachent et griffent. Il est donc important qu'un adulte soit toujours présent quand de jeunes enfants jouent avec un chaton, et qu'il leur apprenne à ne pas trop approcher leur visage de l'animal.

▼ En général, les chatons issus d'une même portée (frères et sœurs) s'entendent bien. Ils s'amusent volontiers ensemble, bien que, avec l'âge, leurs jeux puissent devenir un peu brutaux.

Les différentes races

78 **Tous les chats domestiques appartiennent à la même espèce,** qui comporte de nombreuses races différentes. Elles varient en termes de taille, de morphologie, de couleur et motifs du pelage, de longueur des poils, de couleur des yeux et autres caractéristiques. Certaines races sont représentées par des chats de moins de 2,5 kilos, d'autres par des animaux trois fois plus lourds.

▲ Le type de manx totalement dépourvu de queue est appelé « rumpy » ; le « stumpy » en possède un tout petit bout.

79 **L'existence de ces nombreuses races est due à l'intervention de l'homme.** Les chats qui répondent à certains critères, comme une nouvelle couleur de pelage, sont sélectionnés pour s'accoupler ensemble et avoir des petits. Ensuite, le maître décide lequel des chatons se reproduira, etc. On appelle cela l'élevage sélectif. Au cours des années, ce processus a engendré plus de 100 races de chats différentes.

▲ Le tabby est la couleur d'origine du chat domestique. Si tous les chats pouvaient se reproduire à leur guise pendant plusieurs années, sans être sélectionnés par des éleveurs, ils seraient presque tous tabby.

80 **Parmi les différentes couleurs de pelage, l'une des plus communes est un mélange de noir, de marron, de courbes fauves, de rayures, et de taches** : le tabby. Les premiers chats domestiques apparus il y a des milliers d'années étaient probablement de cette couleur.

81 **Le siamois est l'une des plus célèbres races de chats.** Ils sont fins et allongés, ont de petites pattes et des yeux d'un bleu profond. Il y a environ 500 ans, ces chats étaient élevés par les rois de Siam, l'actuelle Thaïlande. Les siamois sont très affectueux avec leur maître, mais aussi très bruyants.

◀ Le siamois a une silhouette fine et élégante.

INVENTE TON PROPRE CHAT

Tu as besoin de :
grands morceaux de carton, crayons de couleur, peinture. Tu as aujourd'hui la possibilité de créer une race de chats entièrement nouvelle ! Dessine le contour du chat. Colorie son pelage avec tes teintes et tes motifs préférés. N'oublie pas de lui choisir une couleur d'yeux, (bleu, vert jaune). Il ne te reste plus qu'à lui donner un nom !

82 **Parmi les différents sous-types regroupés sous le nom de « british shorthair », le british blue est le plus connu.** Contrairement à ce que laisse entendre son appellation, son pelage est assez long et épais, avec un reflet bleu-gris. Il possède également des yeux étonnants de couleur orange ou cuivre, des petites oreilles et de courtes pattes. Cette race fut l'une des premières à être présentées dans les salons, il y a une centaine d'années.

▶ Le pelage du british blue est très dense, c'est-à-dire que ses poils poussent de façon très serrée.

83 **Le persan est aussi connu sous le nom de « longhair ».** Son pelage est long et dense, ce qui l'empêche de se nettoyer tout seul. Il existe de nombreuses couleurs de robes chez les persans, du blanc pur au noir corbeau, en passant par le tabby et l'écaille de tortue. Il tient son nom de la région autrefois appelée « Perse » (l'actuel Iran), en Asie occidentale. Les premiers chats persans sont arrivés en Europe à la fin du XVIe siècle.

Des races hors du commun

84 **La race scottish fold est apparue en 1961. Son premier représentant était Susie, une petite chatte qui vivait dans une ferme de Tayside, près de Coupar Angus, en Écosse.** Ses oreilles très originales étaient courbées en avant et vers le bas. Un berger, William Ross a remarqué son allure hors du commun et l'a croisée avec un mâle de la région. Deux des chatons de Susie avaient eux aussi les oreilles repliées. C'est ainsi que cette nouvelle race a pris naissance.

▶Il faut du temps à une nouvelle race comme le scottish fold pour s'établir, se faire accepter par les associations qui organisent les expositions félines, et intégrer la liste officielle des races, ou pedigrees.

▼ La queue du bobtail japonais a des poils qui poussent dans tous les sens, ce qui lui donne une apparence cotonneuse, un peu comme celle du lapin.

85 **Le bobtail japonais tient son nom de sa minuscule queue.** Lorsque sa robe est couleur écaille de tortue et blanc, les Japonais lui donnent le nom de « mi-ke ». Il en existe aussi des noir et blanc, ainsi que des roux et blanc. Quand il est assis, ce chat lève fréquemment une de ses pattes avant comme s'il voulait te « serrer la patte », un geste que les Japonais interprètent comme un vœu de bonne chance. Le bobtail japonais a un corps robuste, de hautes pattes arrière, de longues oreilles et de grands yeux. Sa courte queue est souvent enroulée sur elle-même, en forme de pompon.

Chez certaines races de chats à poil long, on trouve des poils qui font plus de 13 centimètres de long.

86 **Le maine coon est l'une des premières races créées en Amérique du Nord.** Ce chat robuste possède un grand gabarit ; et son pelage, généralement marron et noir (sauf sur la poitrine et les pattes, où il est blanc), est très épais et touffu. Il a pris le nom de l'état américain où il est né, le Maine. Sa couleur et sa technique de chasse sont assez semblables à celles du raton laveur. À l'origine, on estime que le maine coon était un chat de ferme. Il lui arrive d'ailleurs de rechercher des endroits bizarres pour dormir : comme le toit d'une maison ou le dessous d'une lame de parquet.

◄ Le maine coon peut émettre d'étranges miaulements, semblables au piaillement d'un oiseau.

87 **Le sphynx est probablement la race de chats la plus étrange. En effet, il est totalement dépourvu de poils.** La race a été acceptée par les associations au Canada en 1966. Le sphynx est un animal calme et affectueux, (voire pot de colle). Il a de grandes oreilles et de petites pattes. Il possède un duvet léger sur le museau, les oreilles, les pieds et au bout de la queue. C'est le chat idéal pour les personnes allergiques aux poils des chats.

▲ S'ils perdaient tous leurs poils, la plupart des chats ressembleraient au sphynx.

INCROYABLE !

Les chats à poil long qui sont abandonnés ont beaucoup de mal à vivre à l'état sauvage. En effet, leur pelage se salit rapidement, s'emmêle, se mouille et attire toutes sortes de nuisibles.

Que le spectacle commence !

88 Il existe de nombreux clubs et organisations d'éleveurs de chats qui font participer leurs animaux à des concours et des expositions. En France, cette opération est régie par le Livre officiel des origines félines (LOOF), et il existe des associations similaires dans presque tous les pays. Ces groupes se composent d'éleveurs, d'organisateurs de concours ou de simples passionnés de chats.

▲ Le salon Supreme Cat Show est organisé par le GCCF, une association britannique. Il se tient chaque année à Birmingham (Angleterre). Les chats n'ayant pas de pedigree peuvent aussi y être exposés.

▼ C'est au Crystal Palace de Londres que s'est déroulée la première exposition féline. De nos jours, les salons, qui se tiennent dans d'immenses salles, présentent des milliers de chats et attirent beaucoup de monde.

89 Le premier véritable salon du chat a été organisé par Harrison Weir en 1871, et s'est tenu au Crystal Palace, à Londres. On pouvait assister à 25 concours différents pour les persans, british shorthair et autres races. Peu après, les salons de ce type ont fleuri dans en Nouvelle-Angleterre, (Amérique du Nord), centrés principalement sur le maine coon.

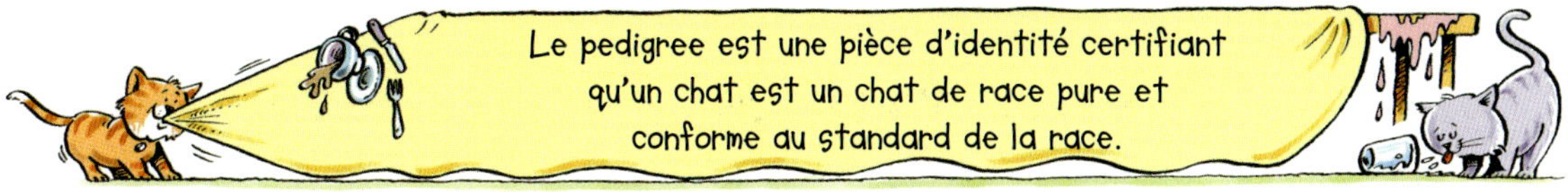

90 Aujourd'hui, il existe d'innombrables salons du chat à travers le monde. Cela va du rassemblement international, où les gens et leurs chats affluent du monde entier, au petit salon local de la ville ou du village, où les enfants peuvent exposer leur compagnon.

▲ Les chats tels que ce persan sont jugés sur tous les détails de leur tête, leur corps, leurs pattes, leur queue et leur pelage, ainsi que sur leur comportement et tempérament (détendu et gentil, ou nerveux, intimidé et peureux).

91 En Grande-Bretagne, le salon le plus connu est le Supreme Cat Show. Il est né en 1976, et seuls les chats ayant remporté d'autres championnats peuvent y participer. Il a lieu chaque année en novembre au National Exhibition Centre, à Birmingham. La TICA (Association internationale pour les chats) organise des salons en Amérique du Nord, en Europe, mais aussi au Brésil, en Argentine, en Corée et au Japon.

FAIS DE TON CHAT UN CHAMPION !

Tu as besoin de :
grands morceaux de carton, ciseaux à bouts ronds, crayons de couleur.
Fais comme si ton chat venait de gagner le premier prix à un grand championnat. Les vrais champions se voient remettre une rosette, un certificat officiel, voire une coupe. Fabrique ces objets dans du carton ou du papier, puis colorie-les.

Récits et légendes

92 **Au Japon, les statuettes de chats sont considérées comme des porte-bonheur.** Selon une légende japonaise, un prêtre vivait dans un temple avec son chat. Un homme qui passait par là vit le chat lever une patte pour lui faire signe d'entrer. À peine eut-il pénétré dans le temple qu'un éclair s'abattit à l'endroit où il se tenait auparavant. L'homme fut très reconnaissant au chat de lui avoir sauvé la vie. Depuis, on trouve des statuettes de chats levant la patte dans tout le Japon : et on estime qu'elles portent bonheur.

▲ « Viens à moi et tu rencontreras la chance », semble dire cette statuette porte-bonheur japonaise.

93 **Les chats noirs sont des êtres mystérieux qui vont et viennent sans se faire remarquer dans l'obscurité.** On les imaginait souvent en compagnie de sorciers et sorcières, et certains pensaient qu'ils pouvaient jeter des sorts. Il existe même des récits de « démons familiers », c'est-à-dire d'esprits prenant une forme animale.

◀ Les récits de sorcellerie ou de magie parlent souvent de chats noirs.

Le chat de race bombay, de couleur noir corbeau, est extrêmement affectueux. Il ronronne presque en permanence et devient nerveux si on le laisse tout seul.

94 **Des gens superstitieux voient dans les chats noirs un signe de chance, d'autres affirment qu'ils portent malheur !** En particulier quand le chat croise le chemin d'un homme, marche ou court vers lui. Toutefois, ces croyances ne se fondent sur aucune preuve scientifique.

▲ Les chats noirs se comportent de la même façon que les autres chats, et ne ratent pas une occasion de faire la sieste !

JOUE À TE FAIRE PEUR

Tu auras besoin de :
carton noir ciseaux à bouts ronds
une agrafeuse, un élastique.
Découpe soigneusement deux chapeaux pointus. Agrafe-les sur les bords, puis écarte-les au milieu pour en faire un vrai chapeau. Découpe la forme d'un chat dans le carton noir. Tu le tiendras dans tes mains en prononçant des sorts. Peins ses yeux en rouge en vert. Enfile une cape noire si tu en as une, et ton déguisement sera parfait !

95 **Au Moyen Âge, en Europe, les chats étaient haïs, pourchassés et même tués par des chrétiens.** On associait alors l'animal à la sorcellerie et à d'autres mythes anciens, comme celui de la déesse nordique Freyja, qui se déplaçait sur un char tiré par des chats.

▶ Le char de Freyja était tiré par deux gros chats sauvages.

96 **Le comportement du chat a engendré de nombreuses superstitions.** Lorsqu'il se lave les oreilles, on dit qu'il va pleuvoir. Lorsqu'il tortille ses pieds en dormant, cela signifie qu'il rêve de sa vie après la mort, une fois au paradis... Si tu regardes un chat en clignant lentement des yeux, le chat fera peut-être la même chose, ce qui est, dit-on, un signe d'amitié.

Les chats célèbres

97 Les chats sont omniprésents dans les romans, les contes de fées et les chansons pour enfants. As-tu déjà entendu parler du Chat botté, l'astucieux félin né de l'imagination de Charles Perrault ? Quand tu étais petit, tu as peut-être lu le poème absurde d'Edward Lear intitulé La chouette et le minou, où les deux animaux partent en mer à bord d'un magnifique bateau vert. Et dans quelle fable de La Fontaine parle-t-on d'un chat et de ses deux compères ?

▲ Le Chat Botté est très intelligent. Il offre des cadeaux au roi pour permettre à son maître, le fils d'un pauvre meunier, d'épouser sa fille, une magnifique princesse.

98 Les chats sont les héros de nombreux dessins animés et bandes dessinées. L'une des premières bandes dessinées publiées dans la presse écrite était **Krazy Kat**, parue en 1913. Aujourd'hui, tu peux retrouver dans les journaux les aventures du paresseux chat orange **Garfield**, et celles de **Catwoman**. Il y a aussi **Grosminet**, le chat qui n'arrête pas de courir après **Titi** dans le célèbre dessin animé.

▼ Sur leur bateau, la chouette et le minou emportent du miel et beaucoup d'argent.

On trouve fréquemment le chat dans les dessins animés et les bandes dessinées (Les Aristochats, Titi et Grosminet, Tom et Jerry, Félix le chat...)

99 Des livres et des histoires ont rendu des chats célèbres. La série de romans **Le Chat chapeauté** est renommée de par le monde. Tigrou est le grand ami de Winnie l'ourson. Dans **Le livre de la jungle**, on trouve Bagheera, la panthère noire fidèle à Mowgli. La fameuse comédie musicale **Cats** est basée sur le livre de T. S. Eliot, **Old Possum's Book of Practical Cats.** Le plus étrange de tous les chats du monde littéraire est probablement le chat du Cheshire au grand sourire qui apparaît dans Alice au pays des merveilles. Il a la capacité de disparaître progressivement, jusqu'à ce qu'on ne voie plus que son sourire. Alice dit d'ailleurs qu'elle a souvent vu des chats sans sourire, mais jamais de sourire sans chat.

▼ Bagheera est le fidèle compagnon du jeune Mowgli dans le *Livre de la jungle*, écrit par Rudyard Kipling en 1894. L'œuvre a été adaptée pour le cinéma en 1967, et sa bande originale a remporté de nombreux prix.

100 Les émissions de télévision et les films comptent eux aussi de nombreuses stars félines qui ont été déclinées dans toutes sortes de produits dérivés (jouets et jeux). Il y a le film **Les Aristochats** produit par Disney, et la super série télévisée **Cosmocats...** Peut-être penses-tu à d'autres chats célèbres du petit et du grand écran ?

◀ Top Cat est un adorable personnage animé, star de l'émission du même nom. Sa première apparition télévisée date de 1961.

Index